Qui je suis

Charlotte RAMPLING

Avec Christophe Bataille

Qui je suis

© Éditions Grasset & Fasquelle, 2015.

À Barnaby, Émilie, David.

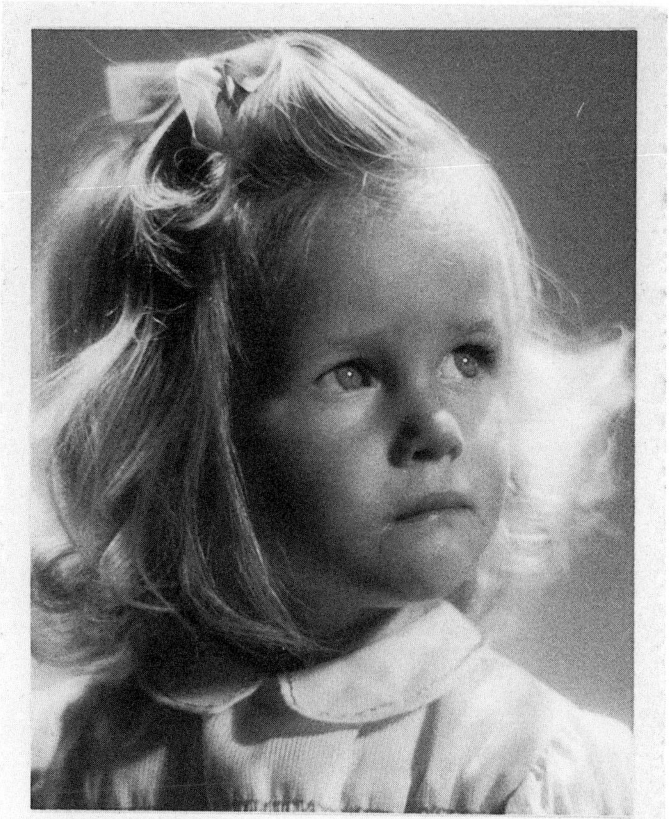

Aujourd'hui Charlotte je vous sens inquiète, et vous riez : Mais je ne sais plus ce que c'est, ce livre… On avait dit quoi, l'enfance ? Ou bien une sorte de portrait ? À force, je ne sais plus. Ça ne peut pas être une biographie, ça non. J'ai essayé, ma vie, ça ne marche pas.

Ce serait bien aussi que j'aime nos pages. Est-ce possible ? Accepter vraiment, aimer ? Je fuis les définitions, les récits, vous savez bien, Christophe, je ne me livre pas.

Qui je suis : ni une biographie, ni un chant, ni une trahison, à peine un roman – disons une ballade, comme on fredonne la ballade des dames du temps jadis. Vous êtes une drôle de dame, jadis ou non : je vous vois en photographie, hautaine, souvent nue à vingt ans, en jupe courte, en bas noirs, joueuse, abstraite. Avec ce grand sourire qui s'échappe.

Vous faites votre regard transparent. Plonge en moi, et tu ne verras pas ce que je vois.

Tout est vrai dans nos pages. Ou plutôt : tout a eu lieu. Les paroles, les images, les les images, les souvenirs. Parfois j'ai changé les vêtements. J'ai mis de la couleur au silence, et des mots, un peu.

Tout commence lors d'un comité de lecture. Nous rêvons, comme chaque mercredi, dans le bureau où Radiguet signa le contrat du *Diable au corps*. Parquet, moulures, ciel de papier. Oui, nous rêvons. Les grands livres sont impossibles.

Ce jour-là, l'un de nous évoque votre nom : il vous a rencontrée lors d'un dîner.

Vous êtes difficile. Dangereuse. Bardée de *lawyers*. Le mot file entre nous comme un requin. Mais qui n'est pas difficile ? Une éditrice conclut que votre biographie officielle est rédigée par une journaliste américaine, talentueuse, redoutée, et qu'elle a déjà été vendue à un éditeur français. Une fortune. Nous renonçons.

Je demande votre adresse à un ami. Il hausse les épaules gentiment et je vous écris, le soir même, à la volée. Le défi. Le jeu. Votre solitude, aussi, qui me vient aux mains. Être vous. Comprendre. Raconter.

Lors de notre première rencontre, Charlotte, il y a des années, vous étiez presque douce. Cette phrase vous déplaît, bien sûr.
Vous riez : La douceur, non… Christophe, n'exagérez pas… Dès la deuxième page ! Et pourquoi pas la bonté, la modération ?

Je sens votre réserve. Votre timidité méfiante. L'habitude, aussi, cette fatigue d'être dévisagée, désirée, imaginée. Devancée, bien sûr. Quelle meilleure façon de ne pas vous écouter ?

C'est comme s'il y avait un être, enfermé dans votre nom légendaire.

Les hommes viennent me voir dans la nuit. Les hommes me regardent et volent mes secrets. Je laisse une image fugitive, des sensations. Des touches. Des fragments.

À mon tour je les regarde. Je les vois dans la pénombre, j'écoute leur respiration. Je les écoute. L'écran nous sépare. Et qui sait ce qui transforme, mon dieu, qui sait, de toutes ces images.

Je vous attends. Je m'ennuie. J'ai peur de votre intelligence, de votre regard, de votre peur. Vous voici. Long manteau beige. Nous commandons à mi-mot.

Vous souriez. Vos « Mémoires de star » ne seront jamais publiés. Dès les premières pages reçues, vous avez tout arrêté : ces détails, ces anecdotes, ce rien. Vous me livrez le nom des éditeurs et des agents, à Paris et à New York, comme s'il fallait des preuves. Aucun livre ne se fait sans Charlotte Rampling, aucun livre ne se fait avec elle. Tout vouloir, tout empêcher.

Alors il faudrait obéir ? Se tenir à distance ? Faire tapisserie ?

J'observe vos mains, fines, mates, qui semblent chercher quelque chose. Le temps a passé entre ces doigts, l'envie, le jeu, la sagesse je ne sais pas, le rire des enfants.

À mon tour je me lance : Je ne suis pas venu avec des chiffres ou des clauses. Je veux essayer. Aller vers l'enfance. Si vous renoncez, une fois encore, si vous avalez la clef du coffre, tant pis. Les pages y resteront. C'est la loi des livres rêvés.

Maintenant vous finissez mon verre de bourgogne. « Ça ne vous dérange pas ? C'est un bon début, non ? » Oui, Charlotte, un bon début. Alors vous riez.

Vous m'avez confié des pages de différentes époques, des paragraphes songeurs, des pensées. J'ai essayé d'être vous, Charlotte. Un peu vous connaître. Ne jamais vous blesser. J'ai pensé que ce livre porterait votre nom, d'une façon ou d'une autre. Que je n'irais chercher aucune information hors de vous. Qu'il serait un portrait et un autoportrait. Je l'ai dit, un pacte.

Je m'appelle Tessa Rampling. Charlotte est mon deuxième prénom, mais il m'a saisie. Tessa est devenue Charlotte.

Dès ma naissance, j'ai connu ce mélange un peu trouble de ce qui vient, passe, de ce qui blesse, de ce qu'on ne peut saisir. Les enfants se font des idées, ils se racontent des histoires.

Les larmes et les rires se mêlent, nous les enfermons. Chez les Rampling, le cœur est un coffre. Porté par les générations, le secret de famille devient une légende. Nous ne savons que nous taire.

On vous dévisage. On vous approche. On s'écarte.

LOIRE VALLEY

Vous ne tremblez pas, nue, dans les galeries du Louvre où rêvent La Tour et Fra Filippo Lippi. La Joconde est dans sa vitrine blindée et vous observe. Ici il n'y a pas de pénombre. Tout est si bien caché dans la lumière éclatante du photographe. Alors vous souriez : où sont les gardiens, où sont les œuvres, où sont les robes de soie, les toges et les bijoux, les symboles, les crucifix, où sont les coiffes, où est la si sérieuse histoire de l'art…

La madone, c'est moi.

Viens me chercher si tu peux.

T.L.R AGED 8½ YRS.

Je me présente à votre adresse. Je sonne. J'attends, quoi de plus normal. À deux pas, un marchand de couteaux. Une pharmacie chinoise. Des livres anciens. Je tourne. Je rêve.

Puis vous arrivez, pantalon noir, trench-coat fatigué : Alors, Christophe, vous êtes perdu ? Vous me cherchez dans la rue ?

C'est le printemps. Nous voici au jardin du Luxembourg. Nous marchons sans parler. J'observe vos sandales pleines de poussière, comme celles des enfants. Il y a une petite tache sur votre pantalon. Nous finissons par nous asseoir à une table de métal. Mauvais café. Une jeune fille me fait de grands signes, c'est elle ? c'est elle ? et vous demande un autographe. Vous lui souriez gentiment, et elle semble ne pas y croire.

« C'est bon, tout de même... », me glissez-vous. Je vous raccompagne au bas de chez vous, après deux heures et trois phrases. Portrait brisé.

Je regarde dans le miroir. Je regarde une femme que je ne reconnais pas. Un visage mosaïque, des pièces détachées choisies au hasard. Diverses expressions sélectionnées, réorganisées pour former un visage.

Être Charlotte Rampling doit être difficile. Parler est difficile. Écrire ne vient pas.
Alors il faut rencontrer un écrivain, un doux vampire : animal tenace, à quatre mains et deux têtes. N'invente rien. Ne vole pas. Parle un peu. Écoute. Et prend qui ne se livre pas.

Appartement secret. C'est tellement vous, je crois, ces pièces blanches, ce parquet déclive, les livres reliés de Thomas Mann et Charlotte Brontë, au-dessus de la cheminée.

Je sonne. Vous voici. Cheveux mi-courts. Pieds nus. Sourire timide. Le regard clair. Bonjour, entrez… Vous me tendez une main raide, comme toutes les Anglaises qui n'embrassent pas.

Nous traversons l'entrée dans la pénombre : à ma droite, je devine une cuisine. Une tasse à l'abandon. À gauche, un buffet, quelques livres d'art, un tableau. Je me sens le voleur dans la maison vide. Pourtant je n'ai rien volé encore, ni les photos, ni les cahiers, ni votre âme.

Dans votre bureau sous les toits. Un divan couvert d'une toile tissée rêche. Sans un mot, vous me désignez un fauteuil à trois mètres.

Nous parlons, nous rions, en français, un peu en anglais.

À côté, une table de peinture tachée. Des pinceaux soyeux. Quelques tubes. Tout est propre. Confier aux murs ses toiles où l'on sent le couteau.

À l'instant de partir, je vous dis :

— C'est bien, cette aventure. Comme un secret.

Nous choisissons une date. La prochaine fois, je prendrai des notes. Vous souriez :

— Vous savez, Christophe, j'aime disparaître. C'est ainsi. Je vois les gens, je ne les vois plus. Peut-être ne nous reverrons-nous jamais.

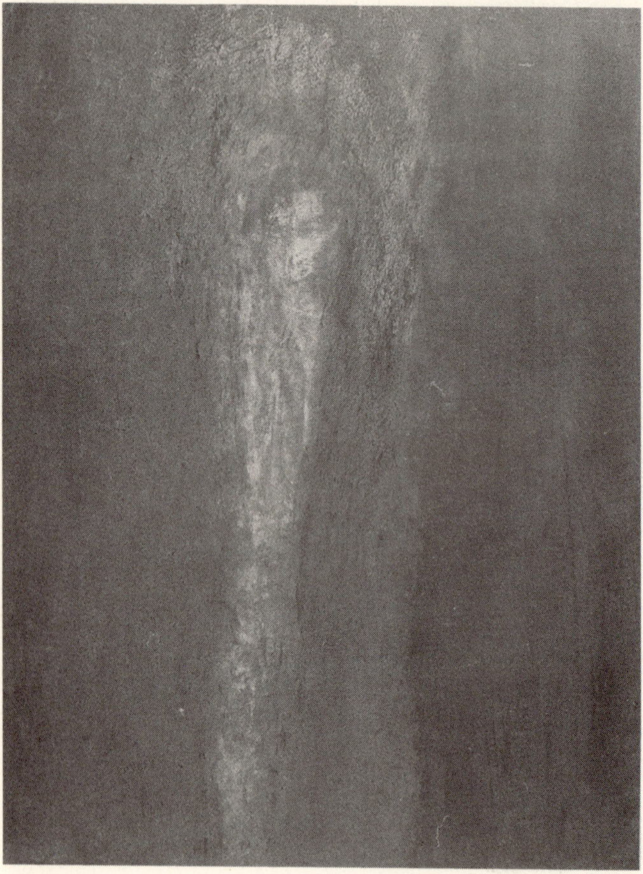

Je pense aux tableaux que vous peignez : la même silhouette, gracieuse, inquiète, prise dans la gouache noire. Combien de fois ai-je voulu emporter une de ces toiles ? Mais je n'ai pas votre audace : je n'ai rien fait.

J'attends. J'ai le temps. J'ai le temps et j'ai le choix. J'ai même l'embarras du choix. Seul le hasard peut répondre à l'appel de mon choix. S'il vient, par hasard, c'est l'évidence même de mon choix.

Un jour, ce n'est pas le jour. La porte est ouverte au cinquième étage. Je traverse la grande pièce. Assise au bord du lit, les jambes écartées comme un garçon, vous tenez un disque dans la main. Une plongée dans les mots, la guitare, le rêve. Je ne dis pas grand-chose. Devant nous, la *chaîne*, comme on disait : l'ancien monde de matière, noir et jaune, lourde télécommande. Les bandes magnétiques ne sont pas loin.

Nous écoutons un morceau en silence, puis deux, puis cinq. Vous baissez la tête. Vos mains sont serrées. Je suis ankylosé. Quand c'est fini, vous me dites : Well, Christophe, on se revoit quand ?

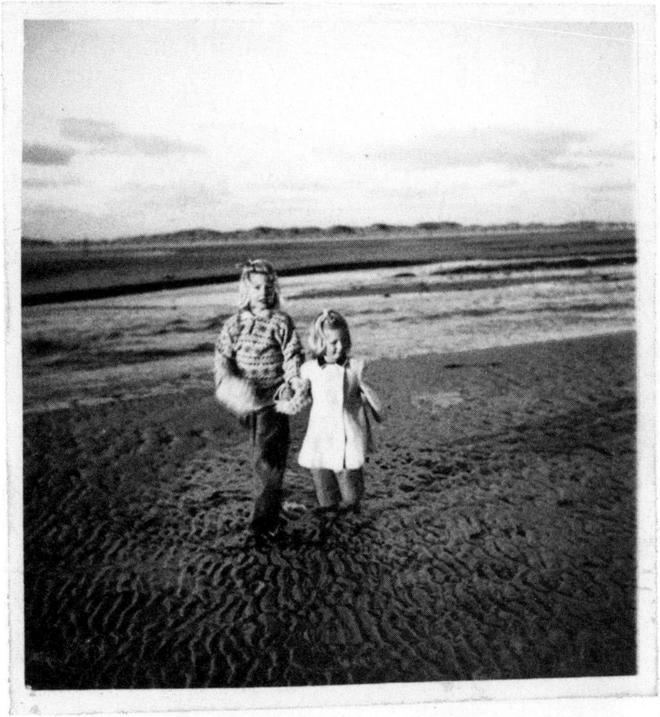

Le coffre de la famille a été scellé à jamais par Godfrey, votre père, le vainqueur des jeux Olympiques de Berlin, en 1936. Quant à moi, je le sais maintenant : j'écris, je raconte, j'interprète, mais vous le savez, Charlotte : le paladin jamais la belle ne délivre.

Comme votre mère, vous avez toujours écrit : elle consignait à quinze ans ses activités du jour, à l'encre violette sur son joli cahier. Aujourd'hui, mais quel est cet éternel aujourd'hui, vous voulez qu'un livre existe. Qu'il soit votre cœur.
Je fixe vos yeux gris : vous n'y êtes qu'un peu. Vous regardez ailleurs.
C'est la fabrique du secret. Se tenir au centre du monde. Et bien sûr nous regarder.
Vous voulez échapper à l'histoire du cinéma, qui s'écrit de toute façon. Vous cherchez l'enfance. Le poème de l'enfance. Dès notre première rencontre, ces mots se sont fichés en moi.

Je marche, je recule. Des pas, les uns derrière les autres. Je recule droit devant moi. Un éternel recommencement vers le point de départ. Le début d'un commencement. Le début de ma vie. Qui je suis.

Je suis née chez mes grands-parents maternels et j'y ai vécu mes premiers mois. Un grand manoir victorien de brique et de verdure, près de Cambridge. Ils l'avaient baptisé d'un nom étrangement romantique, « The Coupals ». La guerre finissait. Mon père a obtenu une permission pour venir m'embrasser depuis Malte. Il est resté une journée puis est reparti scruter la mer et les sables : toute l'histoire des hommes.

Tiens, voici ma mère qui approche, maquillée, joyeuse, en tulle et en taffetas vert amande. Elle a toujours aimé les contes, les peuples de reines et de rois, les robes à traîne, les larmes de cristal. Le sentiment que rien n'est mauvais.

Elle s'est préparée pour le bal. Est-elle toujours aussi élégante ?

Au début des années 1950, ma mère me prend dans ses bras, elle m'effleure d'un baiser, et c'est comme s'il n'y avait pas de temps, pas de joie durable, pas de chair pour cette enfant qui espère, cherche dans le tissu une douce raison d'être aimée. Et elle disparaît dans la nuit.

Quand on a un secret, on le chérit. On le tient contre soi. Le secret se déploie, jamais ne s'estompe. Parfois il s'échappe : c'est un mot, un regard. Un souvenir, déjà.

J'aime regarder les petites filles. Je les écoute. Je fixe leurs cheveux emmêlés, leurs mains innocentes : j'ai vu passer mon secret.

Ma mère était une héroïne de roman. Sa jeunesse est tirée des pages heureuses de *Gatsby le Magnifique*.

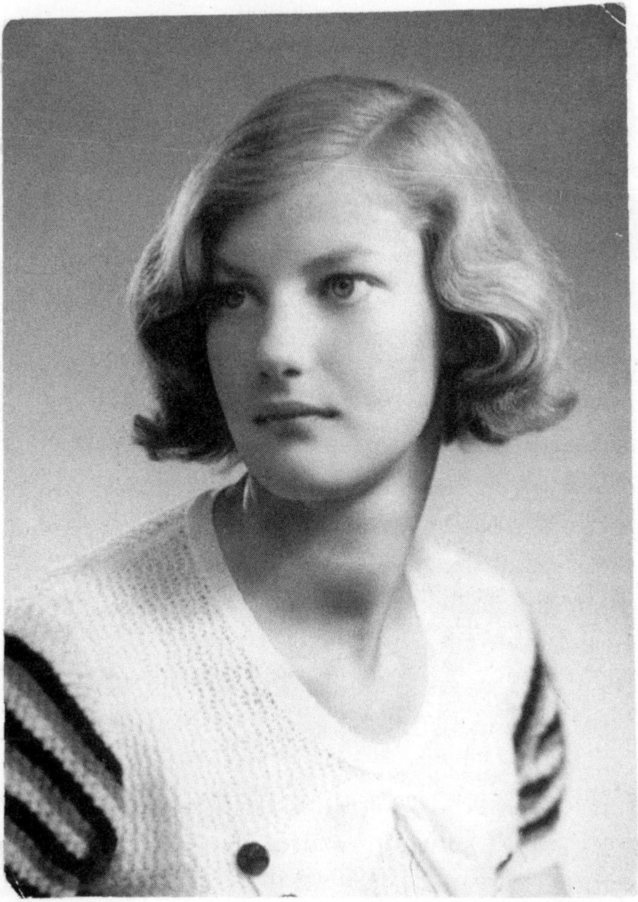

Le grand bal du printemps va commencer. Tout est satin, soie parfumée. Un photographe fixe cet instant. Fitzgerald ne rêvait pas. S'il y a un envers du paradis, il y a aussi un paradis. Oui, ce monde a existé. Cette longue voiture devant un perron d'autrefois, ce n'est pas autrefois : c'est la jeunesse de ma mère.

Comme sa sœur, plus âgée de trois ans, ma mère a vécu les belles années 1920. Toutes deux étaient jolies et choyées par leur famille. À Cambridge, c'étaient les deux débutantes qu'on rêvait de conquérir, la nuit, avant que le carrosse n'emporte la grâce et la joie, et mes rêves enfantins...

Ma mère aimait rire, danser, jouer. Elle était adorable. Je crois qu'elle se laissait porter par la vie. C'était un papillon de jour et une princesse de nuit.

Elle a connu tous les fastes. Bien sûr, elle n'a jamais travaillé. C'était impensable et inutile.

Les Gurteen n'étaient pas des aristocrates mais ils étaient connus de tous. C'étaient des tisserands respectés à Haverhill, qui possédaient des usines depuis deux siècles. Ils ont d'abord fabriqué des vêtements religieux puis des uniformes pour l'armée, enfin ils ont habillé toute la ville. Aujourd'hui, mon cousin Christopher dirige l'usine : c'est un lieu historique. Des machines modernes ont été installées dans les ateliers de verre et de tôle.

Un jour, William, le frère de ma mère, invite à la maison un de ses amis. Tous deux ont vingt ans. Ils se voient beaucoup. Dans un coup de foudre saisissant, ma mère comprend que cet homme sera le sien. Elle a douze ans. Ce bel athlète, ténébreux, lointain, un peu raide dans son uniforme militaire, s'entraîne déjà pour les jeux Olympiques.

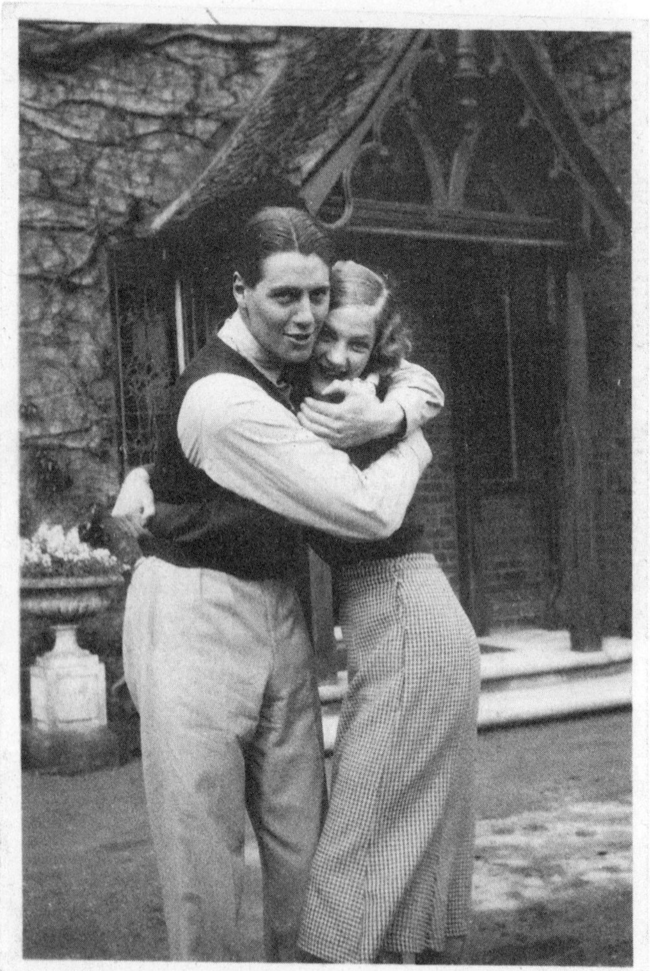

L'apparition de Godfrey Lionel Rampling est consignée fiévreusement par Isabel Ann Gurteen dans son cahier à l'encre fleurie.

Mon père avait six ans quand son propre père est mort au combat, à Bassora, alors sous mandat britannique. C'était en 1915. Entre le paradis et l'enfer. Entre le Tigre et l'Euphrate. Sa mère Gertrude s'est retrouvée veuve, avec trois enfants. Elle était sans fortune mais courageuse et tenace. Assez vite, elle s'est remariée, mais cet homme ne voulait pas prendre en charge trois enfants.

Ils ont donc décidé de garder avec eux les plus jeunes, Barbara et Kenneth. Mon père a été confié à sa grand-mère, dans un manoir victorien, à la campagne. Séparation radicale et angoissante. Un abandon raisonné. C'est ainsi : à l'époque, on ne discutait pas.

Or mon arrière-grand-mère était une femme sévère. Si jeune, mon père s'est retrouvé orphelin, et envoyé en pension. Il n'avait que sept ans.

Le grand Godfrey Rampling, colonel de l'artillerie royale, a donc eu cette enfance solitaire. Combien de fois a-t-il vu sa famille ? Il ne racontait pas, il ne pouvait pas. Il était impénétrable. Jamais je n'aurais osé le questionner.

J'aime cet enfant qui sera vainqueur : il quête un regard, un sourire, un geste d'affection. Il se cherche un ciel pour oublier, un ciel pour cacher ses mots, un ciel pour tout recommencer.

J'aime cet homme qui repoussait l'amour et le monde : ne rien donner <u>à qui vous</u> a trahi.

Petite, tout petite, si sauvage que je suis. Témoin sans voix de gestes hors contrôle. Mon silence me sert de voix, sans les mots. J'attends le printemps pour me réveiller.

Qu'est-ce que le monde ? Un lit sur ses quatre pieds.

Qu'est-ce qu'un héros ? Un enfant sur cette île de draps et de coton.

Qu'est-ce que l'homme ? Un enfant qui ferme les yeux et fixe son passé. Et toi, la foule t'acclame ; l'or vient à tes mains ; tu te caches dans la gloire qui parfois oublie et jamais ne pardonne.

Les arbres nous enveloppent, bas et verts dans les allées. Vous parlez à voix basse. Il me semble que vous rentrez de plusieurs mois en Californie, où vous avez interprété une psychiatre.

Sous le bras, un grand album de photos de votre enfance : épais, jauni, annoté par votre mère. Il était rangé au sud de Londres, dans une malle de fer. Une rue de Fontainebleau. Les dunes où jouent deux fillettes. Des images. Des légendes manuscrites.

Tu vois, Christophe, on dit qu'il faut créer du secret. Alors je me suis cachée ici.

Les tulles, les soies, une profusion de douceurs pastel. Je tombe sur un lit de satin, je disparais à l'intérieur de sensations veloutées. Des drapés pour mouler les corps de princesses, ma mère vit le délice de la transformation de ses filles.

Sa bouche écarlate embrasse les couleurs, ses mains effleurent les tissus de gestes sensuels. La jouissance retrouvée à l'heure de la fête. Elle rit aux éclats. Deux images parfaites.

Ça va continuer comme ça, ce fleuve qui est mon histoire ? Que voulez-vous que je fasse... Il y a tant de contrastes. Je perds mon visage.

Mais Charlotte : raconter est un pli merveilleux et nous ne jouons pas.

Un jour, ma mère ne se lève plus. Mon père l'habille, la nourrit. L'écoute. Il pousse son fauteuil roulant. Il fait son mari et pour elle le monde entier. Il devient le gardien de sa vie.

Les années passent. Les cahiers à l'encre violette sont loin. L'âge venant, c'est difficile. À la fin elle était comme un oiseau sur sa branche, légère et souriante.

Assis à ses côtés, mon père et moi nous parlions enfin. Je pensais à ma sœur Sarah, dont le beau visage semblait encore nous frôler.

Mon père, que je n'avais vu écrire ni cahiers ni souvenirs, mon père qui avait toujours gardé pour lui les joies, les chagrins, les pensées, ne voulait pas mourir avant sa femme. Il ne voulait pas qu'elle puisse rester seule.

Alors il a ce geste étrange : il prend les écrits et carnets de sa femme, qu'elle a tenus depuis ses douze ans, mais aussi toutes ses photos, des centaines de lettres, il les jette dans de grands sacs… et dépose le tout sur le trottoir, sans rien dire à personne.

Vous m'avez raconté cette histoire en riant, Charlotte, et j'ai senti votre tristesse. Freud aimait la Gradiva, qui marche en toge blanche dans Pompéi brûlé par le soleil : vivante, morte, rêvée, elle nous réveille. Il faudrait trouver un dieu à votre père, Charlotte. Un nom à cette énigme : ce jeune homme court sur le stade ; puissant, ailé. Le soleil transforme tout.

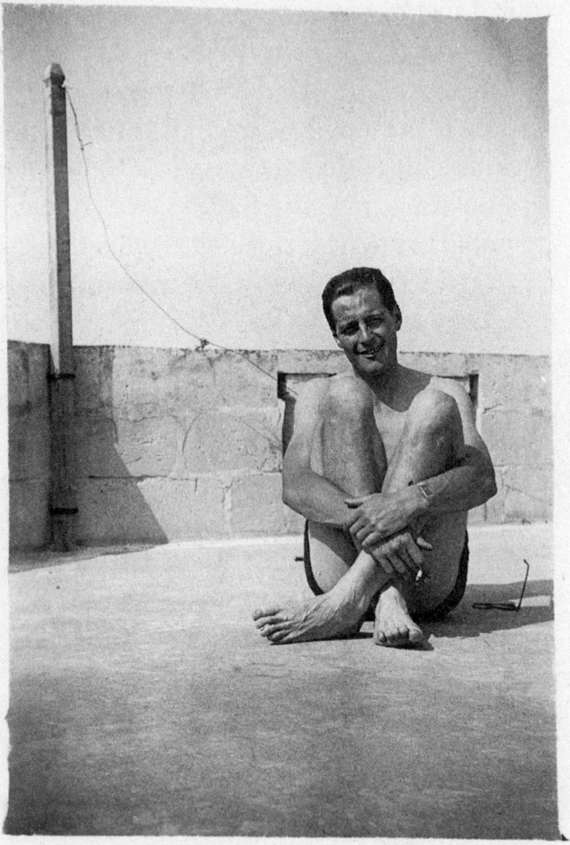

Mais vous l'aimiez ?

Vous baissez les yeux. Ce n'est ni oui, ni non. Le silence gagne et emporte tout.

Puis vous me fixez longuement avant de sourire. Ce sera votre réponse. Je la connaissais, il me semble. Le secret n'est pas la mélancolie, mais peut-être sa forme intime, son corps, sa beauté silencieuse qui ne cesse d'intriguer et de faire silence, au cœur de tout.

À travers la fenêtre, je contemple les arbres sculptés dans le ciel. Des formes squelettiques qui attendent que la transformation commence. Ils se prêtent au mouvement cyclique que l'homme dans son incertitude refuse. Je ferme les yeux devant les évidences que la nature m'impose. J'attends que les mots viennent sans qu'on en parle. L'inspiration se glisse le temps de mon souffle.

Un petit homme à chapeau sonne à la porte de ma maison, à Londres. J'ouvre à ce personnage arraché à Dickens. Très vite, il m'explique qu'il est en possession d'éléments qui pourraient m'intéresser.

J'ai écrit que le cœur est un coffre, mais non : le cœur est un sac. Pour me prouver son sérieux, il tire de sa besace un « échantillon », « but I have much more », un cahier d'enfant de douze ans, des photos de ma mère en robe du soir, un diplôme de bonne conduite, des articles de journaux, des lettres. Une vie arrachée au pilon.

Je téléphone à mon père. Pourquoi les affaires de maman et les siennes sont-elles aux mains de brocanteurs londoniens ? Je veux savoir. J'insiste. Je le supplie, mais il ne répond pas, il ne veut pas parler et soudain, de sa voix violente, il crie : I THREW THEM AWAY !

Je suis accablée. J'imagine les grands sacs emportés par la benne, broyés, entassés avant de disparaître à jamais dans les flammes. Mais il y a un dieu des voleurs.

Le petit homme à chapeau a commencé à parler argent. Ses amis exigeaient une somme folle. Il se disait vaguement collectionneur, marchand. Il cherchait des objets liés aux jeux Olympiques, diplômes, photos, documents, secrets. Je l'imaginais dans son échoppe de l'East End, à revendre médailles, fusils et bibelots volés.

Nous avons conclu l'affaire, il a recompté les billets et nous nous sommes serré la main.

C'est ainsi que j'ai acheté la jeunesse de ma mère.

Après la guerre, mon père a manqué d'argent. Il a alors cherché à vendre sa médaille ou à la faire fondre. Il s'est rendu à Londres chez un joaillier, et tous deux ont découvert que la médaille était en acier. Hitler leur avait donné du toc. Par la suite, elle a tout simplement disparu, peut-être égarée lors de nos déménagements successifs. Pour mon père, cette médaille comptait et ne comptait pas. Il était dans une quête éperdue, qui l'emportait beaucoup plus loin.

J'ai scellé les boîtes et les enveloppes dans une malle de fer, loin de moi, au grand sud de Londres. Toute cette vie presque à portée de main. Et je ne l'ai plus ouverte.

Une jeune fille en robe de crêpe se tient assise devant une roulotte. Elle est pieds nus dans ce paradis de fleurs noires et blanches et gracieuses. Il flotte un poison, je ne sais pas lequel. A-t-elle pensé quelque chose à cet instant ? Elle me regarde si doucement.
J'étais prête à partir dans mon rêve de bois et de vents, fille de la mélancolie et du rire : mais je suis restée.

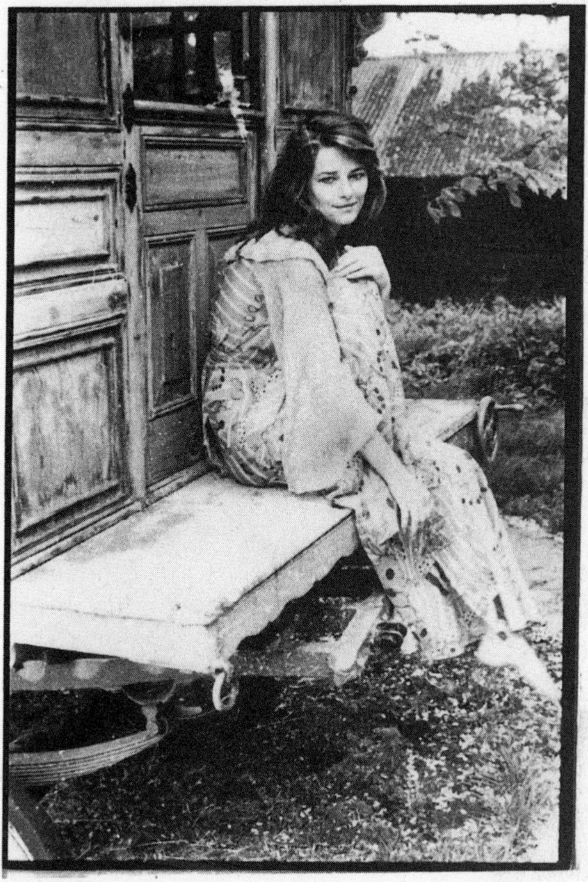

Alors cette photo sans album, elle est pour vous Christophe, elle est pour toi qui cherchais la légende et croisas une enfant.

Je voudrais frôler ce beau visage de Tessa Charlotte Rampling, au seuil des années. J'aimerais vous dire qu'il ne faut pas s'inquiéter, que ce sera souvent difficile, opaque, parfois inhumain, mais que vous nous donnerez tant, et à tous, et jusqu'à ces mots.

J'écoute un cinéaste évoquer son film d'une voix mate et assourdie. Il rit et ne rit pas : l'angoisse est partout, dans ses films, dans sa gorge. Soudain il dit mon nom, et il a ces mots : « a sense of ghost ».

Oui, Charlotte, c'est bien ça, a sense of ghost, apparaître, disparaître, parler aux vivants, à ceux qui sont partis, chercher son propre visage, ou son nom, traverser d'un pas léger le cinéma et la littérature. Je vois ta main sur la page, sur l'écran, fine et lasse, pure, approcher, repousser, empoigner la vie.

Un jour, vous sembliez perdue devant une boîte de carton, que vous aviez tirée sur un chariot de métal depuis le boulevard Saint-Michel. Vous étiez décoiffée et souriante. J'ai pensé à Gena Rowlands. À Barbara Loden, dans le film *Wanda*. Je n'ai rien dit.

Je ne vous ai pas connue à sept ans, en jupe plissée et chemisier blanc, dans le Norfolk, je ne vous ai pas croisée en minijupe à Chelsea, dans les sixties, mais n'est-ce pas mieux ainsi ?

J'ai ouvert la boîte, déballé l'appareil, fixé l'embout, réglé la puissance, et enfin : j'ai passé l'aspirateur avec sérieux et précaution. Vous me suiviez en riant. À la fin vous m'avez glissé : c'est drôle, je suis dans cet appartement depuis vingt ans, et jamais je n'avais aspiré. Il a fallu que vous veniez.

Sur cette réplique digne de Miss Havisham dans son palais de poussière, nous nous sommes assis pour parler.

Il faudrait bien sûr ne pas se lier. Oublier votre numéro de téléphone, vos deux adresses postales, vos mails, vous écrire et ne pas attendre de réponse. Se dire que le silence gagne toujours. Songer qu'il n'est pas seulement une chute ou une méthode. Marcher vers l'enfant.

Swaffham, dans le Norfolk : une petite ville alors. Au-delà il n'y a plus de train – « the end of the line », mais bien sûr il y a des routes. Au-delà des haies d'ajoncs et de roses qui protègent les champs, il y a les longues plages vides et ventées, la mer. Brancaster Beach. Je longe The Greyhound Inn. Je découvre la grande église de granit ; plus loin, le kiosque à colonnes surmonté d'une grâce. Nous sommes en 1950.

Mon père est affecté ici pour deux ans et je ne sais pas comment dire : ça ne va pas. Nous sommes dans une maison simple, ordonnée : quelques meubles qui nous suivent de poste en poste. C'est la vie militaire, codifiée. La discipline règne.

Il n'y a pas un « sense of ghost », il y a un « sense of unease ». Les fantômes sont doux.

Sarah est envoyée en pension loin de chez nous, car il n'y a pas de bon collège à proximité. J'ai la sensation de perdre ma sœur. Ma seule amie.

Et toi ma mère qui nous chantais de petites comptines, ces nursery rhymes qui m'ont toujours accompagnée, toi qui étais joyeuse et tendre, comment as-tu fait ?

L'enfance ne se comprend pas.

J'avais sept ans et à l'école, il s'est passé quelque chose. Je me souviens d'un repas infect. Je me souviens de mon assiette. De la nappe à carreaux. De mes mains crispées. De ma colère. Soudain je me lève et je pars. Je fuis. Je fuis l'école. Je cours. Je cours comme si les loups étaient derrière moi. Je cours comme si j'étais portée par mon père.

Je suis arrivée à la maison, et là je ne sais plus. Je sais seulement que j'ai rejoint Sarah en pension, très vite. Et nos parents sont restés seuls dans la petite maison de Swaffham.

S.A.R.

Mon pays est lourd comme le plomb. Il me tire vers la mélancolie. Il me laisse dans un malaise indéfinissable. Je regarde les maisons uniformes, rangées comme des soldats dans les lignes bien droites. La pelouse bien coupée pour ne pas faire désordre. Le chien bien dressé pour ne pas déranger le voisin. Le voisin qui s'excuse pour avoir dérangé le chien. Derrière les voilages, je devine la vie calme. Mon appréhension me raconte une autre histoire.

Je lis nos pages en ce début de mai. Vous êtes toujours là. C'est étrange. Vous n'avez pas fui, ni moi.

Si c'est un poème, Christophe, si l'on finit par savoir si peu de choses, si tout est vraiment à nu, alors ne m'en veux pas, je mettrai un mot, une virgule, une respiration. Et je disparaîtrai dans la main du vent.

D'aussi loin que je me souvienne, on s'inquiétait pour Sarah. Quand je l'ai retrouvée au pensionnat, elle était ma sœur de dix ans.

Elle se levait la nuit et marchait dans son sommeil : dans les couloirs du sommeil, dans le mystère de sa peine. La consigne était claire : Surtout ne la réveillez pas !

Elle emportait avec elle sa couverture et un oreiller. On la retrouvait au petit matin dans le lit d'une autre, doucement serrée, ma grande et petite sœur. C'était une légende dangereuse : où trouvera-t-on Sarah demain ?

Ma sœur restait des heures devant le miroir pour comprendre. Elle a relevé un défi interdit et elle a trouvé la mort avant de trouver la réponse. Le miroir me reste interdit. L'apparence des choses restera désormais une énigme.

Sarah était une vraie poupée : visage de porcelaine pâle. Grands yeux qui interrogent l'avenir. Cheveux blonds que maman peignait et lissait à l'infini. Sarah était choyée, habillée, embrassée... Il fallait prendre soin d'elle. J'ai ce souvenir de beauté, à quoi se mêlaient la fatigue, la maladie, et aussi ces paroles : Charlotte, occupe-toi de ta sœur. Je l'ai écrit : ma grande et ma petite sœur. Prends soin d'elle. Un vrai roman anglais, avec une enfant pâle qui tousse la nuit dans sa chambre. Vers trois ans, Sarah a été opérée de son mal, mais elle est restée fragile toute sa vie, comme une fleur pas vraiment faite pour ce monde.

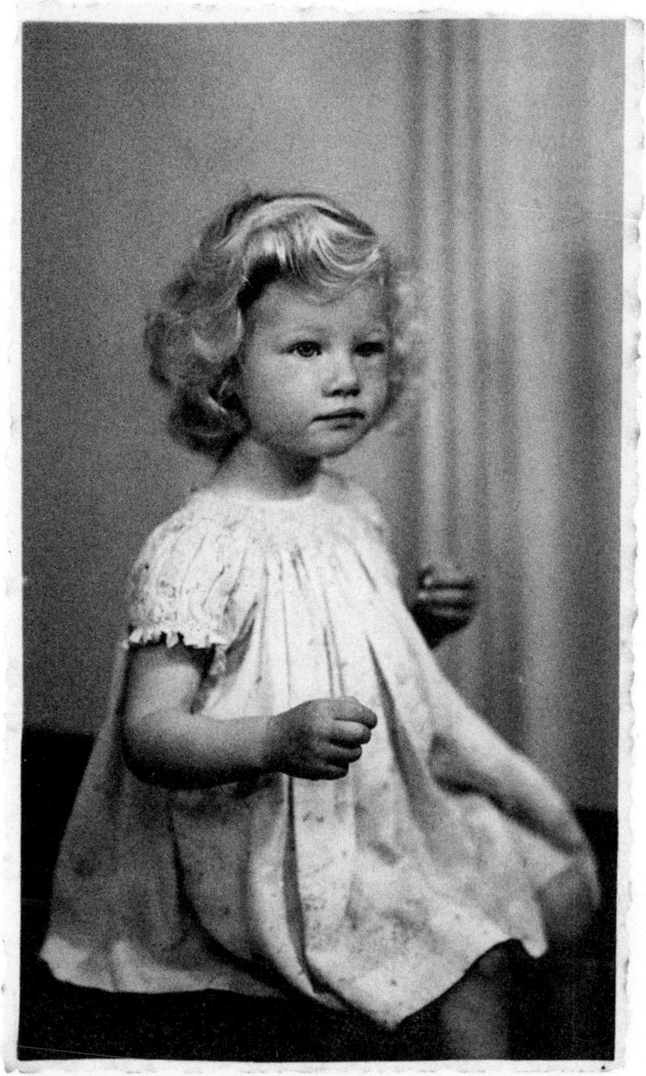

À son retour de Malte, en 1946, mon père a été affecté ici et là. C'était l'époque où le royaume de Sa Majesté, comme la France et l'Amérique, couvrait de vastes territoires.

Nous avons déménagé sept fois en treize ans. Partout où nous arrivions, je savais que chaque nouvelle amie serait vite perdue. Je savais qu'un soir, mon père nous dirait : Nous partons. J'ai été affecté à Gibraltar. Au pays de Galles. Dans le Norfolk. Et qu'il faudrait une fois encore empaqueter nos cahiers, nos livres, remiser nos meubles, plier nos vêtements, embrasser l'ancien temps et ne pas se retourner. Dans ces conditions, Sarah était ma seule grande amie.

À force, je crois que ça m'est resté, comme une discipline ou un tourment : je sais que je vais partir et que je ne reviendrai plus.

S.A.P. 5 years

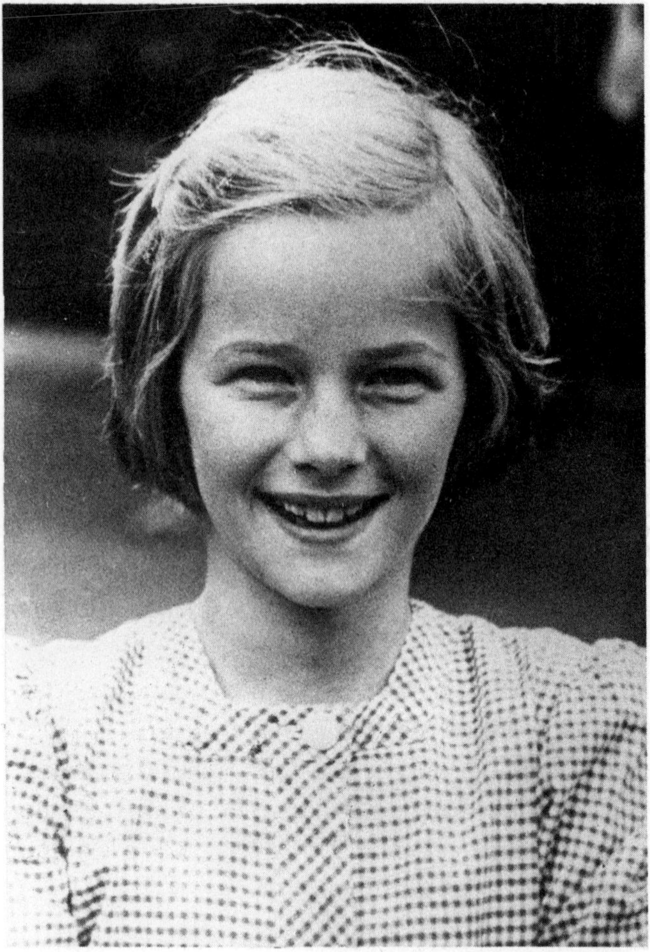

Je me tiens droite comme le lieutenant qu'aurait voulu mon père. Je me plie aux ordres qui n'ont aucun sens. J'exécute les devoirs sans savoir ce que je fais. J'obéis pour être une enfant reconnue.

Je mets les robes de poupée que me donne ma mère. Je m'endors avec des bigoudis pour être coiffée comme elle. Je souris pour qu'elle aime l'enfant que je suis.

Pas facile de te raconter, Sarah. Je tourne autour de toi. Autour de nous deux. Autour de notre enfance, de nos jeux, de nos danses, de nos déménagements. Autour de ton beau visage. Ta vie m'échappe. Tu t'échappes.

Quand je suis née, tu avais trois ans. Nous étions encore dans la maison de nos grands-parents. Très vite j'ai été confiée à une nourrice, parce que maman était inquiète pour toi. Elle avait peur et voulait être à tes côtés à chaque instant.

Plus tard, ma mère m'a dit qu'elle s'en était voulu de ne pas avoir pu vraiment être là pour moi. Je garde en effet, depuis toujours, la sensation d'avoir été tenue à distance. Toi, Sarah, tu n'as connu notre père qu'à trois ans.

L'enfance aussi est une petite guerre.

Nous regardons l'arrivée d'un soldat en uniforme. Le visage creusé par autant de visions d'horreur. Notre père rentre chez lui. Il nous regarde mais il ne nous reconnaît pas. Il nous parle mais il ne trouve pas les mots justes. Las de cette insuffisance, il se retire dans le silence.

Très jeune, mon père avait voulu s'engager dans la Royal Air Force : être un jeune dieu auprès du soleil. Chercher la gloire dans un fuselage de cire.

Godfrey Lionel Rampling était grand, fort, et il réussit les examens du Collège militaire. Mais il était d'un naturel nerveux, et quand il dut passer un test de souffle assez simple pour lui, il échoua.

Profondément blessé, mon père entra dans l'artillerie. Il fut cloué au sol.

Cet échec le poussa à courir. La faiblesse physique se transforma en rage de gagner à tout prix. Il trouva en lui-même le souffle que lui avaient refusé les médecins. Il courut à une vitesse folle, en état de grâce. On l'admirait dans l'arène d'Olympie. Ce n'était plus un homme, mais un ange, un demi-dieu ailé chu en son île. C'était Ariel. Mais l'Angleterre n'est pas la Crète, et nos labyrinthes sont des jardins.

G. RAMPLING, THE OUTSTANDING PERFORMER
IN BRITAIN'S RELAY VICTORY

By running his 400 metres leg of the 1,600 metres relay in a little over 46 seconds and retrieving lost ground Rampling was largely instrumental in this event being won for Great Britain. It was our only track winning stance at the Olympic Games.

Le monde vénère sa prouesse magistrale mais il s'invente des maladies pour ne pas l'assumer.

La force qui l'a propulsé sur les sentiers de la gloire se retourne contre lui et fait ses ravages.

Je sais peu de choses des Rampling. De sa grand-mère qui hébergea mon père à sept ans. De son propre père, mort à Bassora. De son beau-père qui ne le garda pas. Personne ne parlait. C'était l'époque des questions qu'on ne pose pas. Plus tard, quand j'ai commencé à interroger les uns, les autres, personne ne semblait se souvenir. Comme si rien n'avait eu lieu, ni adieu, ni sourires, ni chagrin, ni chansons. Les images passent, pourtant, me frôlent, tendres, aiguës, et je finis par les aimer, elles aussi, plus que toute parole.

J'aime ce que je lis.
Tout finit par me surprendre.
Tu vois, je suis prête pour le monde des histoires et des mots.

Deux frères se regardent. Leur regard retient la même image. Un malaise se balance de l'un à l'autre. Porté par le regard.

Ils baissent les yeux devant l'embarras de leur malaise. Ils ne supportent pas de voir l'image de l'autre prendre la forme du destin qu'ils n'osent espérer.

La Royal Air Force veut le sacrifice suprême d'un courage aveugle qui ne voit pas ses limites. La Royal Air Force, dans toute sa splendeur, prend le frère qui est prêt à donner sa vie. Le sacrifice suprême qu'est la mort dans la gloire, laisse mon père dans l'ombre de l'oubli.

Group Captain Kenneth Johnson Rampling est abattu à l'approche de Francfort dans son Lancaster en 1944.

*Away we go to the sea
To have a jolly good spree,
We'll dig and run and have a jolly good tea,
We'll have eggs and ham and lots of
                            [strawberry jam
And then we'll have a lettuce too
And then we'll think of something to do.
Away we go to the sea
To have a jolly good spree.*

Je me souviens que nous chantions en riant. C'était un passe-temps et un délice. Les œufs se mêlaient à la confiture de fraise et au jambon. Mon père s'y mettait aussi, d'une voix habituée au *God save the Queen*. Notre petite voiture tanguait et il me semble que c'était à la fois une pouponnière, un carrosse et un Lancaster piquant vers les dunes qui nous cachaient la mer.

Quand nous sommes arrivés en France, à Fontainebleau, tout nous a semblé exotique : l'école, les vêtements, la nourriture. Les murs et les chemins. Les couleurs.

Nous habitions une rue calme, à la lisière de la forêt : une maison de pierres grises et dures, au milieu d'arbres extraordinaires. Ma chambre était dans une tour, petite et rose et ronde. Celle de Sarah donnait sur le jardin. Nous passions des heures dans la forêt avec notre chienne Tinka. C'était la liberté. Ça a été un grand bouleversement et le début de notre révolution.

L'ordonnance venait chaque matin pour préparer notre père, qui se rendait ensuite au quartier général des forces interalliées. C'était un monde en soi, avec son école, ses magasins, sa piscine, ses bals. Ce monde paraît loin, aujourd'hui, mi-noir et blanc, mi-couleurs, rassemblé en un mot : l'après-guerre.

Mes parents étaient anti-conformistes, à leur façon. Au lieu de l'école militaire, et alors que nous étions protestantes, nous avons été inscrites à l'école Sainte-Jeanne-d'Arc. Les premiers temps, nous ne comprenions rien. Pas un mot. Sans parler du système décimal, tellement mystérieux pour nous qui mesurions en pounds, shilling and pence.

Personne ne parlait anglais. Mon père se rasait chaque matin en écoutant des disques. Il répétait à l'infini : Bonjour Paul, comment allez-vous ? Paul, as-tu garé la voiture ?

Et ce Paul mystérieux n'a jamais daigné répondre.

33 Rue Le Nôtre

33 Rue Le Nôtre Fontainebleau

L'été, nous descendons dans le sud, à La Croix-Valmer. Un colonel anglais en retraite dirige un très beau camping, face à la mer.

Mes parents ont confiance et nous laissent libres, puisque nous respectons leurs règles. Nous passons des journées merveilleuses avec des garçons et des filles de notre âge, à l'ombre des pins, sur le sable, dans ce grand rêve ensoleillé. Le soir, nous nous allongeons auprès du feu, nous chantons, nous parlons à voix basse. Et il nous semble qu'une telle douceur ne peut pas cesser.

Sarah a quatorze ans et je vois son sourire de jeune fille, déjà formée, attirante, son sourire opaque, un peu absent. Cette innocence, ce qui ne se sait pas, ce qui va naître, comment les retrouver ? Quel nom leur donner ? Toute enfance est baignée dans une forme.

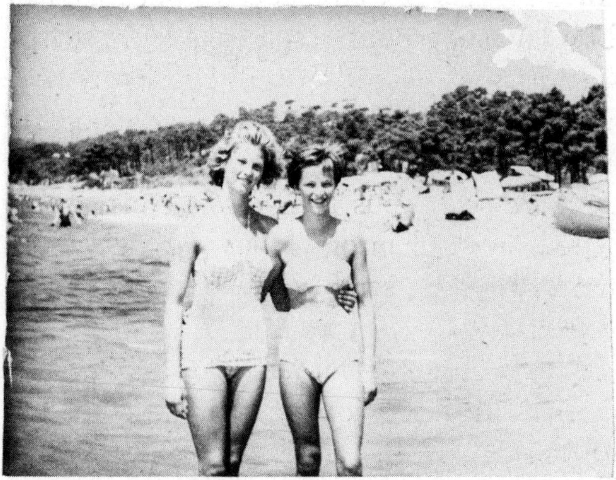

Il faudrait une liste des jours heureux. Se dire qu'on peut les fixer, les chérir et bien sûr ne pas y croire. Combien de cahiers pour ne pas se souvenir ?

J'approche, Sarah. Je veux nous raconter. Je veux rester avec toi.

Quand tu as eu vingt et un ans, mes parents t'ont offert ton premier grand voyage. Avec une amie, tu as quitté Londres pour l'Amérique, d'abord New York, puis ton périple t'a conduite jusqu'à Acapulco, cette bande de terre magnifique, prisonnière de l'océan et des montagnes.
C'est là que tu as rencontré Carlos. Il était beau et plus âgé que toi. C'était un riche éleveur argentin, un homme décidé. Et là tu as fait une chose très étrange, Sarah, sans rien dire à personne : une semaine après votre rencontre, vous vous êtes mariés.

J'ai appris la nouvelle à Londres, dans un tabloïd. Ma mère était blessée, à vif, l'idée de Sarah, si loin d'elle, lui était insupportable.

Sarah est revenue de temps en temps avec Carlos. Et nous avons senti peu à peu que cette séparation avec sa langue, son pays, sa culture, avec les siens, commençait à lui peser.

Trois années après le mariage, ma mère est installée à sa machine à coudre. Soudain, son corps lâche. Elle se trouve sans force, effondrée sur sa machine.

Tant bien que mal, elle se ressaisit, se relève, elle réussit à conduire jusqu'au golf voisin pour retrouver mon père.

Quelques heures plus tard, le téléphone sonne à la maison : à l'heure même où ma mère s'est effondrée, Sarah était morte en Argentine.

La voix de la souffrance est une voix innocente. Elle chasse les certitudes. Elle chasse la vanité. Elle chasse les autres.

Au même moment, je tournais dans un film pour la télévision. Je jouais une jeune femme des années 1900, se libérant des conventions, pleine de vitalité et de force. Ce beau personnage incarnait les envies qui brûlaient en moi.

En arrivant chez mes parents, je vois mon père qui ouvre la petite porte du jardin et s'avance vers moi. Il me lance d'une voix forte : « Your sister is dead. » C'est comme ça que je l'ai appris. « Go and see your mother. » Ce que j'ai fait, le laissant seul et perdu, au milieu du jardin.

Ma mère est tassée dans un fauteuil. J'approche et elle agrippe ma main, je sens sa force soudaine et désespérée : ma mère me tient comme si elle allait m'emmener avec elle. Je me débats, instinctivement, elle me fait mal, j'essaie de retirer ma main, d'écarter la sienne. Et elle perd conscience.
Pendant de longues années, elle reste inconsolable. Tout s'en est allé avec Sarah.

Un refus sauvage d'apprivoisement. Une quête acharnée. Une solitude primitive. Une lutte entêtée. Parfois absurde. Excessive. Volontaire. Depuis toujours, brûlante.

Pour les Rampling, il n'y a ni corps, ni funérailles. C'était comme une disparition. Quand le téléphone a sonné, ce soir-là, Sarah était déjà enterrée. À cause de la chaleur, nous a-t-on dit.

Je sais seulement que Sarah repose dans le caveau de sa belle-famille, depuis février 1967.

Pour une raison que je ne peux toujours pas m'expliquer, je ne suis jamais allée en Argentine.

Ma mémoire me laisse dans l'impression du souvenir. Une impression indistincte. Une forme sans définition. Des fragments sans formes. Je reste sur l'impression. Les images s'effacent au fur et à mesure du temps. Une impression indéfinie de vivre dans mon absence. Une sensation aliénante d'être en dehors de mon temps. Ce n'est qu'une impression. Je reste sur l'impression.

Dis-moi, Charlotte, qu'est-ce qu'on fait dans ces pages depuis tant d'années ?

Jusqu'à mes vingt ans on m'a appelée Charley. Mes parents, mes amies, ma sœur. J'étais Charley.

Parfois, il suffit de tendre la main : la mienne se pose sur celle d'une jeune fille de dix-neuf ans. Penchée sur son bureau, Charley colle des articles et des photographies, qu'elle légende consciencieusement.
C'est moi, en robe de tweed sous le genou, puis très courte, allongée sur un capot de voiture, cachée dans les fleurs, contre mon père en costume croisé, avec des acteurs. Je ris, fredonne, une main d'homme caresse mes cheveux puis ma taille.
Il y a aussi Sarah, en robe à corolle et gants de soie, qui semble hésiter à la remise d'un prix. Sarah et son ami photographe, Roland. Sarah, tellement heureuse.

Maintenant je referme l'album. Je te laisse Charley, il me semble que mon nom est parti avec Sarah.

Et je ne peux plus serrer contre moi une jeune fille perdue dans la terre d'Argentine.

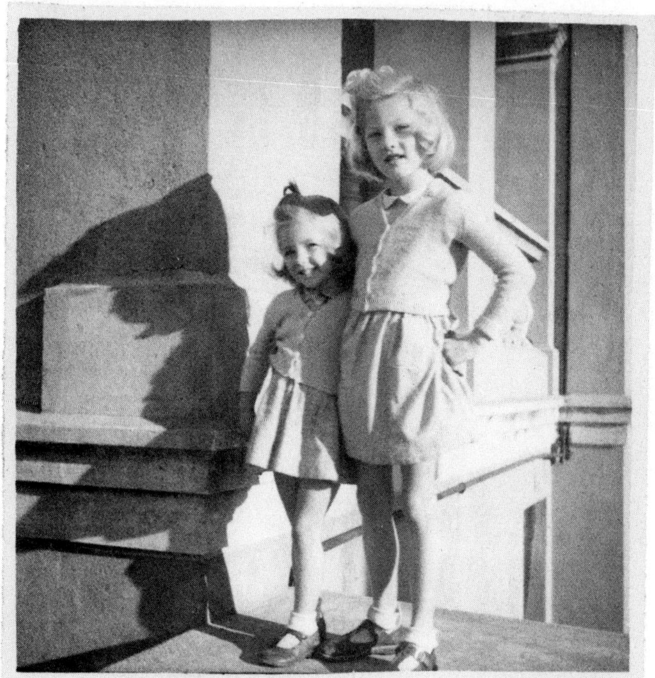

Nos pages ? La forme la plus juste. Des mots, des images. Un ou deux secrets.

Le secret du papier que tient le colonel dans sa main droite, à genoux dans l'herbe. Sa main gauche est crispée sur son visage.

Le secret de la mort de Sarah.

Le secret de qui sait. C'est un peu comme un conte persan : il faut une vie pour écrire, cent pour lire. Et une seule pour oublier. Mais non : il faut deux vies pour écrire. Et s'il nous manque un peu d'innocence, laisse-moi te faire ces pages, que lira un enfant.

Une nuit je me suis réveillée en criant. J'ai vu la mort de Sarah en rêve, et mon cri s'est perdu dans le temps, jusqu'à aujourd'hui, jusqu'à ces mots dont je ne voulais pas.

Sarah et moi nous avions pris goût à une certaine liberté. Nous aimions être des étrangères.

Après Fontainebleau, nous avons retrouvé Stanmore et notre maison : Westwood. Le jardin donnait sur the green belt. Le toit en chaume faisait une ombre un peu surannée. Westwood avait un charme de conte et une âme.

Sarah est entrée au Lycée français. Elle disparaissait chaque matin dans le London Underground, jusqu'à South Kensington. Un voyage.

Sarah restait avec les Français, tandis que je retrouvais l'uniforme et la discipline. J'ai souffert de ce retour en garnison.

Les mathématiques ne se laissaient pas saisir. J'ai découvert que j'étais littéralement *arrêtée* par les chiffres. J'avais des crises terribles à l'école : comme des évanouissements. Je tombais. Était-ce de ne pas comprendre ? Était-ce un effroi logique ?

L'école et mon père ont été consultés. J'ai été dispensée de cours de mathématiques. C'est ainsi qu'une partie du monde me demeure inconnue, me tétanise et me fascine.

J'arrête. J'arrête tout. Que le monde s'arrête. Je veux descendre. Que les autres avancent s'ils le veulent.

Que direz-vous si je reste où je suis ? Des heures. Des journées. Des semaines entières. Enfermée. Dialogue arrêté. Extérieur exclu. Vos mots sont des ruses, vous le savez très bien.

Permettez-moi d'être étrangère à tout ça.

J'éteins la lumière. Je ne me fais aucune illusion sur l'intérêt du jour : une nausée sans définition. Une fatigue sans forme.

Nous avons créé notre univers sous les toits. Notre monde à nous : une grande pièce, deux chambres. Sarah et moi y installons des fauteuils et des livres. C'est notre horizon poétique.

Le dimanche après-midi, nous recevons. Ma mère, qui a toujours aimé les bals, les fêtes, les costumes, nous encourage gaiement. « The parties of Charlotte and Sarah » deviennent quelque chose, dans le quartier.

Nos amis s'installent sagement sur les sièges, par terre : on boit du jus d'orange, on écoute, on chante, on danse un peu, le rock et nos premiers slows, on écoute encore. Listening, singing. Les 45 tours tombent dans le pick-up.

Sarah et moi nous parlons souvent français, notre langage secret. Tout semble innocent. C'est un temps indécis et joyeux. C'est notre belle époque.

> *When love steps in and takes you for a spin,*
> *oh là là là c'est magnifique*
> *and when one night*
> *your loved one holds you tight*
> *Oh là là là c'est magnifique*
> *but when one day*
> *your loved one drifts away*
> *oh là là là it is so tragique*
> *but when once more*
> *he whispers je t'adore*
> *c'est magnifique…*

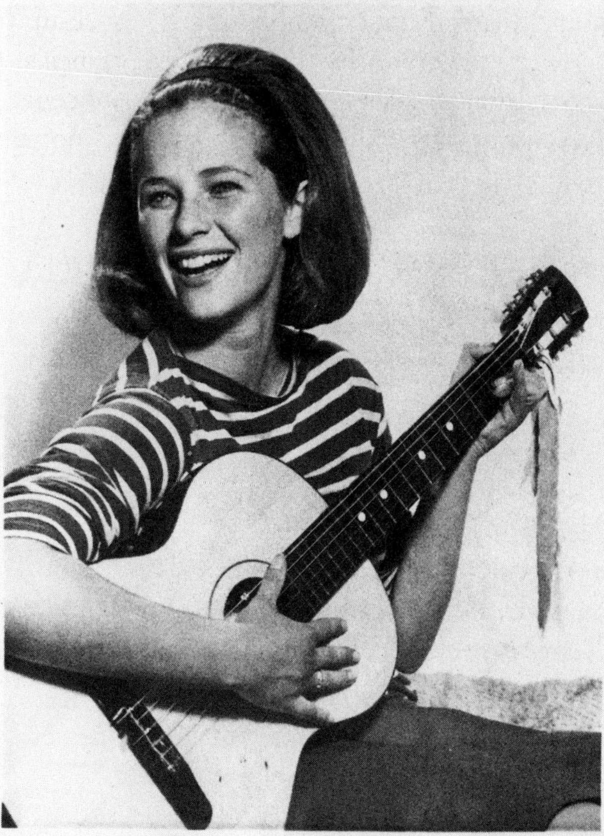

La musique nous emplit, nous laisse doucement rêveurs : et je crois qu'elle parle pour nous.

Il faut imaginer l'atmosphère qui régnait au Bernays Institute, à Stanmore, au début de l'été. La salle était comble. Je me souviens des bruissements. Des rires.
Sarah et moi étions en imperméable et en bas résille. Nous portions des bérets. Nous avons chanté Luis Mariano, à notre façon. C'était so French…
À la fin, les gens sont venus me voir. Ils semblaient étonnés : Charlotte, we didn't know you had it in you !
J'ai commencé à comprendre. À comprendre le regard qui emporte l'autre. Le tient. Le défie. Ce regard qui disparaît au sortir de la scène.
J'avais quatorze ans et je n'ai pas oublié cette sensation trouble et provocante.

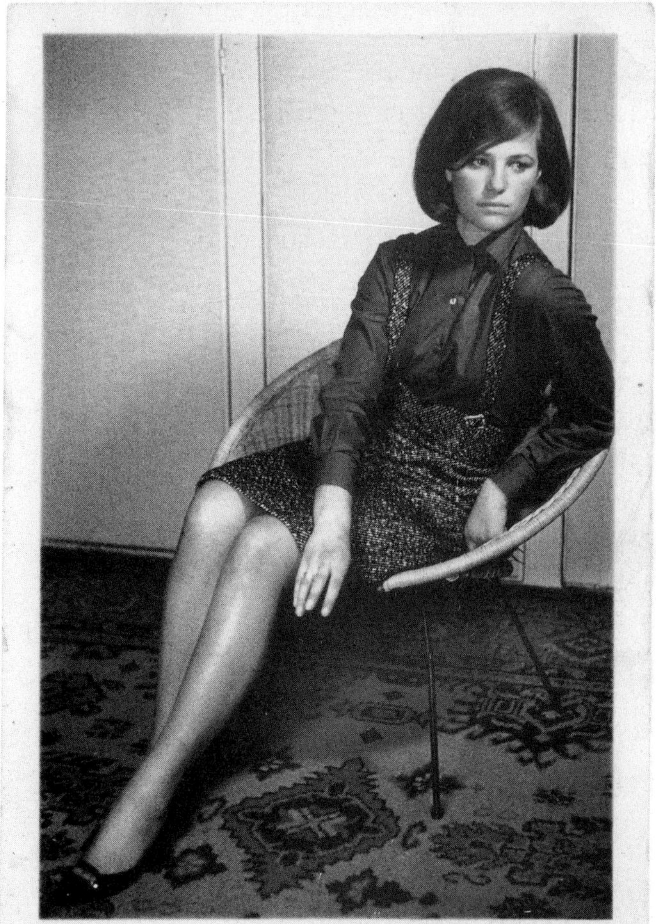

Et puis tu as senti qu'on fixait ton visage aux paupières basses, tes yeux gris, absents, ton corps, ton sourire, ta grâce.

Beaucoup plus tard, quand nous avons commencé à parler, mon père et moi, il m'a dit très sérieusement : si c'était à refaire, je serais acteur.

Au Bernays Institute, il a tenu le rôle principal dans *The Deep Blue Sea*, une pièce de Terence Rattigan. Libéré de l'armée, de ses uniformes, de ses traditions, cet homme se transforma en jeune premier maladroit et excentrique. J'ai été étonnée de le voir surgir sur scène, libre soudain. Je crois que c'est tout l'esprit anglais : l'excentricité est valorisée. Il faut bien que la joie sorte.

J'ai vu ma mère en bas résille danser devant toute la ville, devant ses filles et son mari, et elle était heureuse.

Après un concert, à Stanmore, un agent est venu nous trouver, Sarah et moi, et ils nous a proposé de passer une audition dans un club à Piccadilly.

Nous avons préparé cette expédition qui devait rester secrète. Qu'auraient pensé nos parents d'une telle équipée à Londres ?

Nous avons caché nos bérets et nos imperméables dans nos cartables. Et un après-midi, après l'école, nous nous sommes précipitées. Quelle course, dans le métro puis dans les rues de Piccadilly... Je ressens encore notre joie un peu fébrile.

Nous avons chanté devant trois types mornes, qui n'ont fait aucun commentaire. Un air de mélancolie flottait. Je vois le regard de ces hommes qui nous observaient devant les tables vides.

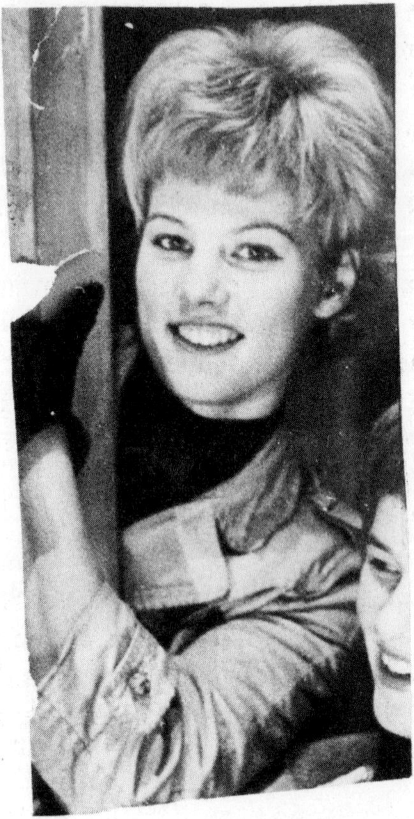

Puis le métro de Londres nous a happées : nous n'avons plus dit un mot jusqu'à la maison. Sur le perron, le colonel nous attendait. Il nous a fixées sans un mot, Sarah et moi, comme s'il avait compris. Et ma carrière de chanteuse de cabaret s'est arrêtée là.

Même l'enfance, indistincte ou joyeuse, entre chansons, plages et attente, même les mains sagement posées, même les rires, même les images perdues, même l'absence et le retour font un livre.

Tu n'écris plus ?
Je ne sais pas.
Chaque jour s'efface quand un autre arrive.
Comme si nous n'avions plus besoin de l'éternelle répétition de gestes, de rituels, le va-et-vient d'un jour. Alors j'oublie et je disparais pour réinventer.

Un jour, ce n'est pas le jour. La porte est entrebâillée, au cinquième étage. Je traverse la pièce. C'est étrange, on dirait que cette scène a déjà eu lieu. Assise à votre bureau, vous fixez l'écran. Un texte défile.

Nous avons pris le thé.

Vous avez appelé à Londres. Et ces pages qui te faisaient pleurer ont disparu.

Petite, toute petite, si sauvage que je suis. Témoin sans voix de gestes hors contrôle. Mon silence me sert de voix, sans les mots. Irrésistibles pulsions de violence contenue. Impulsions qui heurtent mon passage. Jetées dans mon histoire pour signaler mes traces.

Je suis de retour. I'm not quite sure where at the moment.

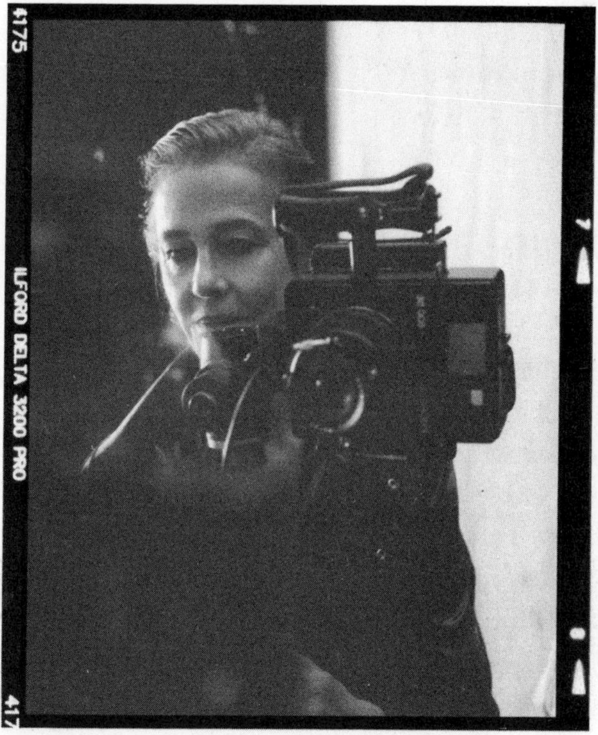
4175
ILFORD DELTA 3200 PRO
417

Sarah est sensuelle et sans défense, je ne sais comment dire. Elle a une grâce, une innocence qu'on rencontre peu. Ce jour-là, je joue à la grande sœur, c'est le rôle qui m'a été confié. Je suis sa défense, son garde-corps.

Sarah a seize ans, et moi quatorze, à peine. Nos robes sont légères et fleuries. Tom, son boyfriend, est seul à l'avant de la bubble-car à trois roues. Je suis assise sur les genoux de Sarah, à l'arrière. Nous filons à travers la campagne, vers Oxford.

La bubble-car est lancée dans une grande descente, à pleine vitesse, quand un camion de chantier s'engage lentement sans nous voir. Tom freine comme un fou. Nous allons beaucoup trop vite. Nous sommes beaucoup trop lourds. La mort est devant nous.

Par miracle, notre bubble-car est passée. Nous avons roulé une centaine de mètres encore, puis Tom s'est rangé sur le côté, tremblant et pâle. Nous nous sommes assis dans l'herbe, au soleil. Je n'oublierai jamais cette sensation : *the feeling of being alive.*

Plus tard, ce même jour d'été, Sarah et Tom se sont esquivés. Ils se tenaient par la taille. Ils ont marché et se sont allongés un peu plus loin, dans les herbes. Je me suis assise et j'ai attendu sagement. Je ne surveillais pas. J'étais là. J'espérais sans doute un murmure. Un frôlement. Puis Tom est revenu dans le soleil, suivi par Sarah. J'ai scruté son beau visage, j'ai vu qu'elle était lasse, changée, excitée, ailleurs. Je sentais qu'il y avait une énigme : en elle, en moi.

Parfois j'aimerais que la vie entière soit contenue dans mon regard.

Ce qui ne peut se dire, il faut le rêver. Rêver, c'est chérir son secret.

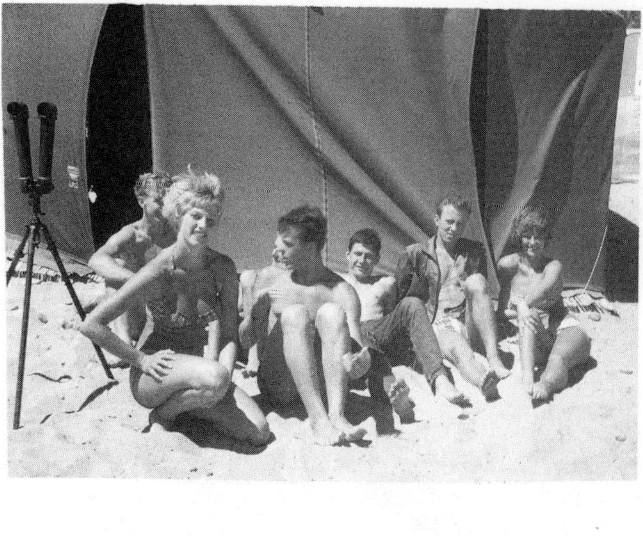

Mon père aussi avait une bubble-car : extravagante de métal et de plastique, sur trois roues et sans porte. Pour s'installer, on soulevait la bulle transparente, et on enjambait le guidon. Il fallait voir le colonel Rampling traverser Stanmore en uniforme, raide et concentré. On se retournait sur son passage, mais lui ne s'apercevait de rien.

Plus tard, j'ai appris le nom de la bubble-car de Tom qui avait bien failli nous tuer tous les trois, ce jour de soleil et de douceur : c'était un Kabinenroller. Pour avoir servi le Reich, Messerschmitt n'avait plus le droit de produire d'avions après la guerre, alors les usines s'étaient recyclées dans ces drôles de véhicules… Puis les bubble-cars ont disparu, la tranparence, le colonel, certains souvenirs, le jeu, les usines d'avions, et toutes les voitures se sont ressemblées.

Londres dansait. Le Blitz était loin. Fini, les privations et les larmes ! Nous étions en vie.

Tout s'est transformé : les jupes, la musique, les objets, les mots, le regard des hommes, la liberté, les couleurs qui se déversaient sur les murs, les amis, les bars et les restaurants, le visible et l'invisible. Nous étions les baby-boomers. Tous les codes étaient bouleversés. Il y avait un rythme, une mutation, un battement de cœur collectif.

Un instant historique, indéfinissable.

Et bientôt nous ne serions plus les mêmes.

Pour ce qui a eu lieu et n'est pas ici, je me tais. D'autres parleront. Ceux qui parlent ne savent pas. Ils fouinent et répètent. Qui n'aimerait marcher sur King's Road en jupe courte et joyeuse, pendant les années 1960 ? Qui ne voudrait se donner au cinéma ? Aux photographes ? J'ai été et je suis cette femme.

J'ai fini par ouvrir les carnets de jeune fille de ma mère, à l'encre violette puis pâle, ou au crayon. J'ai découvert son écriture appliquée, des épisodes, ses pensées. Ma mère était romantique. Elle dressait des listes de garçons qui lui plaisaient, comme pour apprendre à les connaître. Certains étaient bons danseurs. D'autres amusants. D'autres joueurs. Ou lointains. Ma mère était courtisée et rêveuse. Un certain Godges est apparu dans les listes – c'était mon père, affectueusement surnommé ainsi. Peu à peu les listes se sont arrêtées, les carnets aussi, comme suspendus jusqu'à mon regard.

As he does I really like
I just can't bare to
think that my Podger is
going away tomorrow. today
he has been so sweet
he gave my hand the
most lovely kiss which
I can feel to this
minute he is such an
absolute darling I am
completly head over heels
in love with him Darling
Podger I just longed
for him to kiss me tonight
but sometimes, when he
is tired he seems almost
inhuman I know he
doesnt mean to hurt
my feelings because he
has got a sweet nature

J'ai appris la vérité sur Sarah trois ans après sa mort.

Elle a emporté le secret de sa vie en se donnant la mort, le 14 février 1967, après avoir accouché prématurément d'un petit garçon le 13 janvier, dans un hôpital de Buenos Aires.

Quand j'ai demandé à mon père pourquoi il avait gardé un tel secret, il m'a dit : It would kill your mother if she knew.

Alors nous avons gardé ce secret pour nous deux et je me suis toujours demandé si maman était protégée par ce pacte ou empoisonnée par le mensonge.

C'est peut-être ça, la douceur tranchante de la vérité : un secret qui nous rend humains.

Ma mère se tient avec moi devant le miroir. Nous regardons ensemble l'image qui nous ressemble. Ses yeux se plongent dans son visage qui renvoie la face cachée d'une femme qu'elle ne reconnaît plus. Ses yeux suivent la trace de ma sœur et se perdent dans l'illusion du tabou qui a emporté sa fille. Sa bouche me parle mais je ne l'entends plus. Le silence s'installe entre nous.

Mon père se tient devant moi. Il me dit que je suis jeune. Il me dit que je ne dois pas rester avec eux. Que je dois vivre. Faire ma vie. Il me dit que je ne dois pas regarder en arrière. Il me dit qu'il sera toujours là pour ma mère. Il me dit : Charlotte, ne reviens pas pour nous.

Je prends la fuite.
Je suis devant ma fenêtre. Je reste des heures devant la fenêtre d'un hôtel dans un pays dont la langue et les coutumes me sont étrangères. Je suis une étrangère. Je suis dans une ville que je ne connais pas et qui ne me connaît pas.
J'observe de loin les rites quotidiens qui me seront toujours étrangers. Cette distance me rassure. La face cachée des choses révèle des évidences que la transparence dissimule.

Tout est immobile, rien ne bouge, la ville somnole dans la chaleur torride. J'attends qu'elle se réveille pour que je puisse à nouveau contempler son mouvement à travers ma fenêtre. Attendre est tout sauf passif. C'est dans l'attente que j'ai une véritable écoute, c'est dans l'attente que me vient l'idée d'avancer.

Je suis immobile, comme la ville qui attend la fraîcheur du soir pour retrouver son animation. Je traîne comme elle dans cette lassitude. J'attends que le temps passe pour mieux sentir son passage.

Je suis venue ici pour oublier qui je suis. Pour retrouver d'autres images qui effaceront celles qui ne montrent pas la vérité.

Je veux écouter une langue sans comprendre les mots, je veux participer aux rites quotidiens de personnes inconnues qui ne connaîtront jamais les miens. Je cherche une rencontre silencieuse pour trouver les mots justes.

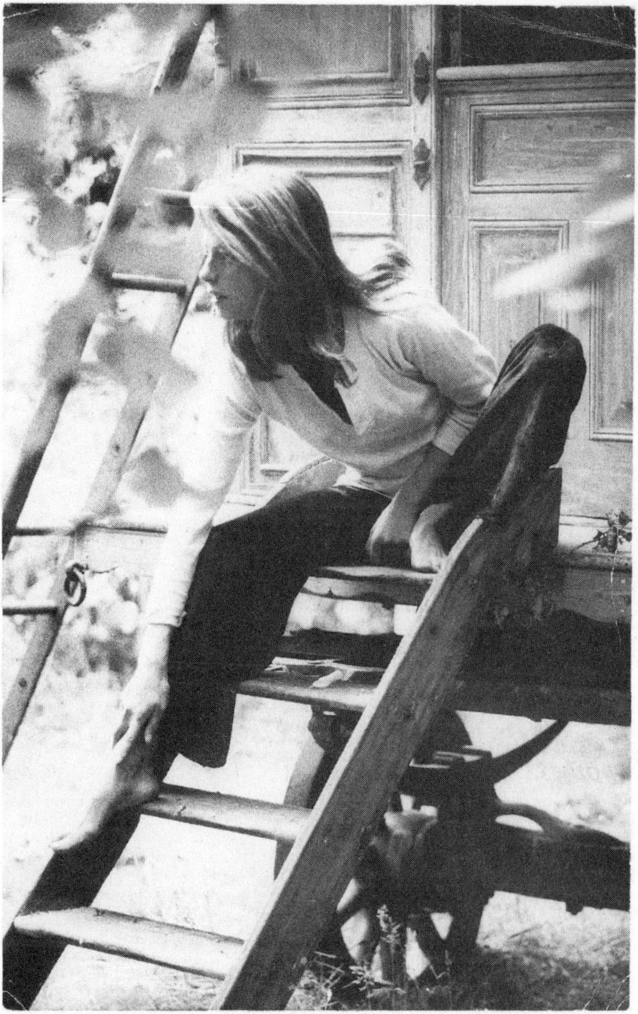

Ma sœur est morte dans la violence.
Je vois ma famille sombrer dans le mutisme.
J'ai pris la fuite et je suis devenue une étrangère parmi des inconnus. La quête inconsciente du deuil m'a guidée ici.
Il m'a fallu de longues traversées du désert avant que je ne verse ma première larme, pour devenir enfin une femme soulagée par une souffrance trop contenue.

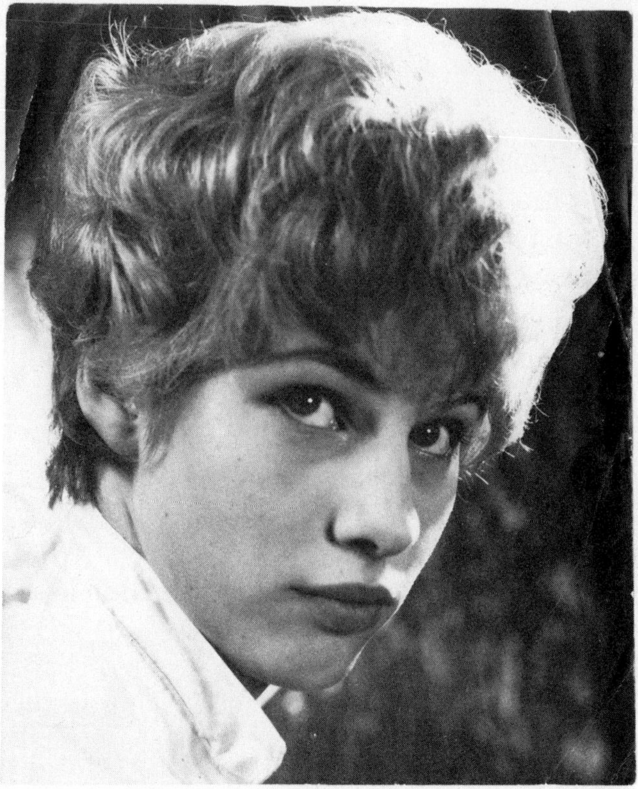

Dans un sommeil paisible, le colonel est parti.
À cent ans, il a rejoint ma mère, morte dix ans auparavant.

Les derniers jours il avait la peau grise, le pouls lent. Je ne suis pas revenue, sans trop savoir pourquoi. On a toujours le temps, n'est-ce pas ?

Quelques prières, un peu de musique, deux lectures, la famille. Simplicité absolue, comme il l'aurait voulu.

Les mots sont venus. Après combien d'années. C'est une traversée. C'est le livre même.

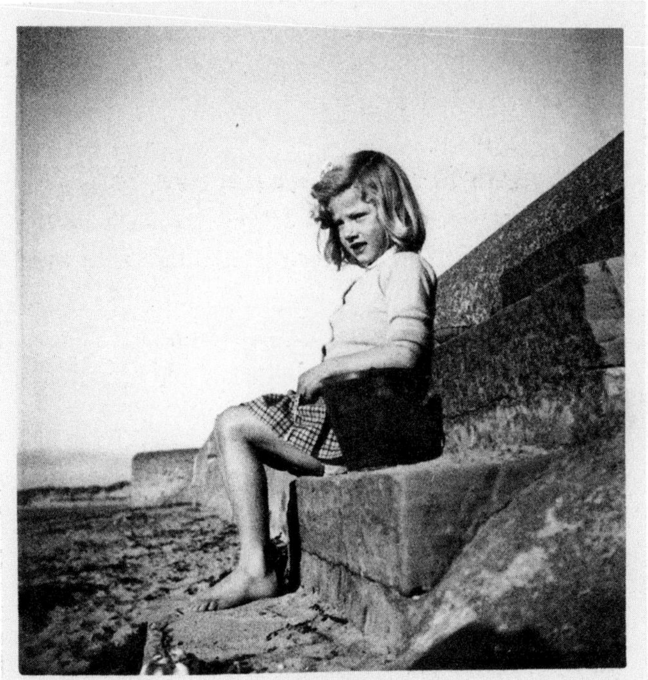

Une nuit je reçois ce message du bout du monde : *I'm sitting beside Sarah.*

Je tressaille.

Mon fils m'écrit de Buenos Aires. Il est avec le fils de Sarah. Ils se connaissent à peine.

Le fils de Charlotte et le fils de Sarah.

David et Carlos Jr.

Ce sont des hommes maintenant.

Ils marchent dans la grande allée du cimetière, comme des enfants rieurs.

Ils sont allés ensemble sur ta tombe.

Ils sont restés auprès de toi.

Il m'a semblé enfin voir ce paysage que je ne connaissais pas, cette chaleur australe, cette terre douloureuse, les grands arbres ployés au-dessus de toi.

Il m'a semblé que j'approchais.

Il m'a semblé que ces mots peut-être étaient non pas le chemin difficile, mais le poème qui te cherchait.

Il m'a semblé Sarah que tu étais ici, dans ces pages, dans ces années, dans cette enfance, la nôtre.

Il m'a semblé Sarah que tu étais douce, absente, joyeuse, inoubliable, et que ces deux hommes assis sur ta tombe, en silence, en ton nom, venaient clore mon poème.

FEB 66

Toutes les photographies proviennent
de la collection particulière
de Charlotte Rampling,
à l'exception du portrait page 97,
réalisé par Tim Walker
et reproduit avec
son aimable autorisation.